AF277040

San Agustín

Sobre el tiempo

San Agustín

Sobre el tiempo
[Confesiones, libro XI]

Traducción de
José Manuel Ruiz Vila

© Los secretos de Diotima

© Guillermo Escolar Editor SL
  Avda. Ntra. Sra. de Fátima 38 5°B
  28047 Madrid
© De la traducción, José Manuel Ruiz Vila

ISBN: 978-84-19782-58-8

DEPÓSITO LEGAL: M-16071-2024

Impreso en España / Printed in Spain

SOBRE EL TIEMPO
[*Confesiones*, libro XI]

I, 1. ¿Es que ignoras, Señor, por ser dueño de la eternidad, lo que te estoy diciendo? ¿Es que, acaso, tu visión del tiempo está sometida al tiempo? ¿Por qué te cuento entonces tantas historias? No pretendo ser yo el que te las cuente, sino que me limito a avivar mi amor por ti y el de mis lectores para decir a todos: *Grande es el Señor y muy loable* (Salmos 48[47],2; 96[95],4; 145[144],3). Ya lo he dicho, pero no me importa repetirlo: todo lo hago por amor de tu amor. El caso es que rezo, pero la propia Verdad me dice: *Vuestro Padre sabe qué necesitáis antes de pedírselo* (Mateo 6,8). Te revelo mi amor y te confieso mi miseria y tu misericordia conmigo: termina la liberación que has comenzado para que deje de ser un pobre desgraciado conmigo mismo y me santifique en ti; porque me has llamado a ser pobre de espíritu y manso, a llorar y pasar

hambre y sed por tu justicia, a ser mise-
ricordioso, limpio de corazón y defensor
de la paz. Puedes ver que te he contado
muchas cosas, lo que he podido y lo que
he querido, porque tú lo quisiste antes
de que yo te lo confesara, Señor mi Dios,
porque tú eres bueno, porque es para
siempre tu compasión.

II,2. ¿Cuándo seré capaz de describir
con mis escritos todas tus advertencias,
todos tus terrores, consuelos e indicacio-
nes con los que conseguiste que predicara
tu palabra y dispensara los sacramentos
a tu pueblo? Y si soy capaz de describir
todo esto en orden, el paso del tiempo
se me hará eterno. Hace ya tiempo que
ardo en deseos de meditar bajo tu ley y
de confesarte en ella mi sabiduría y mi
ignorancia, los primeros frutos de tu luz
y el rastro de mis tinieblas, hasta que tu
fortaleza pueda acabar con mi debilidad.
Y no quiero que se me pase el tiempo en
otros menesteres, ahora que ya no tengo
que alimentar mi cuerpo, que estoy libre
de los caprichos de mi alma y del servicio que debo cumplir con los míos, e

incluso del que no debo, pero cumplo igualmente.

3. Señor Dios mío, atiende mi oración y que tu misericordia escuche mi deseo, pues no solo ha prendido en mí, sino que quiere ser útil al amor fraterno: puedes ver en mi corazón que es así de verdad. Voy a poner a tu servicio mi inteligencia y mi lengua: dame lo que debo ofrecerte. Pobre y necesitado soy yo, mas tú prodigas tus riquezas entre los que te invocan ocupándote con mano firme de nosotros. Extirpa de mis labios, por dentro y por fuera, toda temeridad y toda mentira. Tus Escrituras serán un casto placer para mí; no me han de engañar ni tampoco voy yo a engañar a otros con ellas. Señor, atiéndeme y compadécete, Señor mi Dios, luz para los ciegos y vigor para los débiles, luz incluso para los que ven y vigor para los fuertes, atiende ahora a mi alma y escúchame, porque te llamo desde las profundidades. Pues, si no nos oyeras incluso desde las profundidades, ¿adónde podríamos ir? ¿A quién le gritaríamos? Tuyo es el día y tuya es la noche: el tiempo

9

pasa con un gesto tuyo. Dame tiempo para ocuparme de los secretos de tu Ley y no me cierres la puerta si te llamo, porque no fue tu voluntad que se escribieran en vano tantas páginas plagadas de textos enigmáticos. No tienen aquellos bosques ciervos que se oculten en ellos y retomen sus fuerzas caminando y pastando, tumbándose y rumiando. ¡Señor, guíame y enséñame esos bosques! Tu voz es mi gozo, tu voz está por encima de todos los placeres. Dame lo que amo porque lo amo. Y me lo has dado. No olvides tus dones ni desprecies tu agostada hierba. Te voy a confesar lo que vaya descubriendo en tus libros. Escucharé la voz de tu alabanza, beberé de ti y admiraré las maravillas de tu Ley desde el comienzo, cuando hiciste el cielo y la tierra hasta el reino sempiterno de tu ciudad santa junto a ti.

4. Señor, compadécete de mí y escucha mi deseo. No es un deseo, creo, que tenga que ver con la tierra, ni con el oro, ni con la plata, ni con piedras preciosas o caros vestidos, ni con el honor o el poder, ni con placeres carnales o necesidad alguna del

cuerpo o de esta vida nuestra de peregrinación; todo eso les viene por añadidura a los que buscan tu reino y tu justicia. Los impíos me han contado habladurías, pero tu Ley no, Señor. Y de ahí precisamente viene mi deseo. Mira, padre, observa, mira y da tu aprobación; sea agradable ante tu misericordia que yo encuentre la gracia ante ti para que los secretos de tu palabra se abran a mi llamada. Te suplico por nuestro Señor Jesucristo, hijo tuyo, sentado a tu diestra, el hijo del hombre, al que elegiste mediador ante nosotros. Por él nos has buscado cuando no te buscábamos y, además, has buscado que te buscáramos a ti, a tu Palabra, por medio de la que lo has hecho todo, incluso a mí; has hecho que buscáramos también a tu hijo Unigénito, por quien has llamado en adopción al pueblo de los creyentes, entre los cuales también estoy yo. Te lo suplico por él, que está sentado a tu derecha e intercede por nosotros, en quien se encuentran escondidos todos los tesoros de la sabiduría y el conocimiento. Es lo que busco en tus Escrituras. Moisés escribió sobre ello. Es él mismo quien lo dice: es la Verdad quien lo dice.

III,5. Escucharé y conseguiré entender cómo hiciste al comienzo el cielo y la tierra. Fue Moisés quien lo escribió; lo escribió y pasó a mejor vida: cruzó este mundo marchando desde ti hacia ti. Ahora no está ante mí, porque, si estuviera, lo retendría y le rogaría suplicándole por ti que me desentrañara todo el Génesis. No despegaría los oídos de las palabras que salieran de su boca; lo malo es que, si me hablara en hebreo, sería inútil que llamara a la puerta de mis sentidos, porque no conseguiría tocar mi alma. Pero si me hablara en latín, entendería todo perfectamente. Ahora bien, ¿cómo haría yo para saber si me dice la verdad? El caso es que, si lo supiera, ¿no lo sabría por Él? La Verdad, que no es hebrea, ni griega, ni latina ni bárbara, dentro de mí, en la sede de mis pensamientos, me diría sin necesidad de boca ni de lengua y sin pronunciar una sola sílaba: «Está diciendo la verdad»; y entonces con toda confianza le contestaría al instante a ese siervo tuyo:

«Dices la verdad». Pero como no puedo preguntárselo a él, te lo ruego a ti, Verdad, que inspiraste por completo a Moisés para decir la verdad; te lo ruego a ti, Dios mío, perdona mis pecados y permíteme entender lo que le permitiste decir a aquel siervo tuyo.

IV,6. Aquí tenemos el cielo y la tierra; proclaman su creación porque no hay duda de que cambian y se transforman. Lo que existe, pero no ha sido creado, no tiene nada que no tuviera antes, pues eso es lo que significa «cambiar y transformarse». Proclaman igualmente que no se han creado a sí mismos: «Existimos porque hemos sido creados; antes de existir no éramos nada como para hacernos a nosotros mismos». Su voz es la propia evidencia. Los has hecho tú, Señor, que eres hermoso, y hermosos son también ellos; tú, que eres bueno, y buenos son también ellos; tú existes, existen también ellos. Pero no son ni tan hermosos, ni tan buenos, ni existen como su creador: si los comparamos con él, ni son hermosos, ni buenos, ni existen siquiera. Lo sé por ti, pero mi conocimiento comparado con el tuyo no es más que ignorancia.

V,7. ¿Cómo creaste el cielo y la tierra? ¿Qué recursos usaste para esa inmensa tarea? Está claro que no fue como el artesano que da forma a un cuerpo a partir de otro. Haciendo uso de su voluntad es capaz de darle prácticamente la forma que ha concebido en su interior; eso sí, no sería capaz si esa forma no se la hubieras creado tú. Modela objetos que ya tienen forma y esencia como para ser tierra, piedra, madera, oro, etc. ¿Y cómo habrían existido estos objetos si tú no les hubieras dado esa esencia? Tú dotaste de cuerpo al artesano, y también de alma para que mandase sobre sus miembros, e incluso de la materia prima con la que confeccionarlo todo; tú le diste la inspiración para domeñar el arte y ser capaz de ver en su interior en qué ha de transformar la materia exterior; dotaste su cuerpo de sentidos para que con su intercesión las ideas tomaran forma material y para informar al alma de sus progresos y así ella pudiera consultar en su interior a la Verdad, que es quien manda, si va bien lo que está haciendo. Toda la creación te alaba como creador de todo. Pero ¿cómo lo haces? ¿Cómo has hecho, Dios mío, el cielo y la tierra? Está claro que no hiciste el cielo y la tierra a partir del cielo y la tierra, tampoco del aire ni de las aguas, visto que esos elementos pertenecen al cielo y a la tierra; tampoco hiciste la totalidad del universo en el propio universo, porque no existía materia alguna de donde crearlo antes de que lo crearas y existiera. Tampoco tenías nada a mano como para hacer el cielo y la tierra. ¿De dónde sacaste lo que no habías creado? ¿De dónde sacaste la materia de la creación? Lo que existe es porque tú existes. Entonces fue como dicho y hecho. Los hiciste solo con tu palabra.

VI,8. Pero ¿cómo lo dijiste? ¿Igual que en aquella ocasión cuando tu voz dijo desde la nube: *Este es mi hijo amado*? (Lucas 9,35). Aquella voz tuvo un origen y un final, un comienzo y un término. Se escucharon cada una de las sílabas y luego fueron desapareciendo, la segunda tras la primera, la tercera después de la segunda y así sucesivamente hasta que se oyó la última de todas y, por fin, tras la última, se hizo el silencio. En este caso, evidentemente, lo que dio forma a tu palabra fue la iniciativa de algo ya creado, sometido al tiempo y al servicio de tu sempiterna voluntad. El oído exterior comunicó a la mente pensante estas palabras tuyas que se acababan de formar y el oído interior tomó posición junto a tu Palabra eterna. La mente comparó estas palabras que resuenan a lo largo del tiempo con tu Palabra eterna en el silencio y dijo: «No hay duda de que son otra cosa; sí, otra cosa. Sin duda están por debajo de mí y además ya no existen, porque escapan y desaparecen, pero la Palabra de mi Señor permanece por encima de mí para toda la eternidad». Ahora bien, si dijiste que se hicieran el cielo y la tierra con palabras dotadas de sonido que luego desaparecieron, si ese fue efectivamente el caso de la creación, entonces con anterioridad al cielo y a la tierra existía ya una criatura dotada de cuerpo, gracias a cuyos movimientos temporales avanzaba también por el tiempo aquella voz tuya. Pero lo cierto es que no existía nada antes del cielo y de la tierra, o, si lo había, no cabe duda de que lo habrías hecho sin palabras caducas, de donde habrías hecho también esa voz caduca con la que dijiste que se hicieran el cielo y la tierra. Con independencia de lo que fuera aquello de donde salió esa voz, algo tendría que ser, porque lo habrías creado tú. Entonces, para que existiera ese cuerpo del que salieron tus palabras, ¿qué tipo de palabras tuviste que decir?

VII,9. Estamos llamados a entender tu Palabra, que es Dios y está junto a Dios, Palabra dicha para la eternidad y por la que se dice todo para la eternidad. Pero no es que termine una palabra y empiece luego otra para poder decirlas todas, sino que todo se dice a la vez y para la eternidad: de lo contrario, existirían el tiempo y el cambio, conceptos opuestos a la eternidad y a la inmortalidad auténticas. Lo he comprendido, Señor, y te doy las gracias por ello. Lo he comprendido, te lo confieso, Señor, y lo entienden como yo y te bendicen todos los que te están agradecidos por conocer la auténtica verdad. Lo he entendido, Señor, sí, lo he entendido, puesto que las cosas mueren y nacen en tanto que no son lo que eran y son lo que no eran. Sin embargo, tu Palabra no tiene origen y evolución en absoluto, porque es inmortal y eterna de verdad. Por eso con tu Palabra sempiterna dices todo lo que dices a la vez y para la eternidad y se hace todo lo que dices que se haga. Y no lo haces más que con tu Palabra; eso sí, no se hace a la vez y para la eternidad todo lo que haces con tu palabra.

VIII, 10. Y me pregunto por qué, Señor Dios mío. En cierto modo lo veo, pero no sé cómo podría explicarlo más que pensando que todo lo que tiene principio y final tiene principio y final en el preciso instante en que una razón eterna sin principio ni fin determinó que comenzara o acabara. Y ahí está tu Palabra, que es el principio, porque nos habla, como en el Evangelio por medio de Dios hecho carne. La Palabra resonó en nuestros oídos para que creyéramos, buscáramos en nuestro interior y la encontráramos en la Verdad eterna, donde enseña a todos sus discípulos el único buen maestro. Allí oigo tu voz, Señor; me dice que quien nos habla nos enseña, pero que quien no nos enseña, aunque nos hable, no está hablando para nosotros. Además, ¿quién nos enseña sino la Verdad inmutable? Incluso si nos censura por medio de su creación mutable, nos conduce a la Verdad inmutable. Cuando estamos en ella aprendemos realmente; le escuchamos y gozamos con la voz del esposo, volviendo al origen del que venimos. Por eso es el principio, porque, si no fuera constante, no tendríamos donde volver en caso de pérdida. Si deshacemos el camino, es porque sabemos cómo; nos enseña para que lo conozcamos, porque él es el comienzo y es a nosotros a quien habla.

IX, 11. En este comienzo hiciste, Dios mío, el cielo y la tierra con tu Palabra, con tu hijo, tu fuerza, tu sabiduría, tu verdad; lo dijiste y lo hiciste de un modo admirable. ¿Se puede entender? ¿Se podría describir? ¿Qué es eso que me atraviesa con su luz y sacude mi corazón sin hacerme daño? Me horroriza y me enardece por igual. Me horroriza en cuanto que soy diferente, me enardece en cuanto que soy semejante. Es la sabiduría, sí, la que me atraviesa con su luz haciendo pedazos mis tinieblas, que me cubren de nuevo cuando desfallezco por la oscuridad y la multitud de mis culpas; porque mis fuerzas se consumen de tristeza y no puedo soportar mi propio bien hasta que tú, Señor, que perdonas todas mis iniquidades, sanes también todas mis enfermedades y redimas mi vida de la perdición. Me coronarás con compasión y clemencia y colmarás de bienes mi deseo porque se renovará mi juventud como la del águila. Hemos sido salvados en la esperanza y aguardamos tus promesas con paciencia. Escuche quien pueda cómo le hablas desde su interior; yo gritaré con firmeza repitiendo las palabras del profeta: *¡Cómo se han magnificado tus obras, Señor! Todas las cosas las has hecho con sabiduría* (Salmo 104[103],24). Ella es el comienzo y en ese comienzo hiciste el cielo y la tierra.

X,12. ¿Es que no está ya superada la cuestión de qué hacía Dios antes de hacer el cielo y la tierra? Algunos dicen que, si estaba ocioso y no tenía nada que hacer, ¿por qué no permaneció siempre así como antes de la creación? Si en un momento determinado le surgieron a Dios una iniciativa y voluntad nuevas que le hicieron dar forma a una creación que nunca antes había modelado, ¿cómo puede tratarse entonces de verdadera eternidad aquella en la que se origina una voluntad que no existía antes? Pero es que la voluntad de Dios no es una creación, sino que existe antes de la creación, porque no se crea nada que no venga precedido de la voluntad del creador. Entonces, su voluntad se identifica con la propia sustancia de Dios, porque, si se origina algo que antes no existía en la sustancia de Dios, no podremos decir, si queremos ser fieles a la verdad, que esa sustancia sea eterna; pero si la voluntad eterna de Dios era que existiese esa creación, ¿por qué no ha de ser también eterna su creación?

XI, 13. Afirmaciones semejantes implican seguir sin entenderte, ¡sabiduría de Dios, luz de la mente! Aún no han entendido la posibilidad de que crees las cosas en ti mismo y por ti mismo. Se afanan por comprender la eternidad cuando su corazón, que sigue estando vacío, revolotea todavía en torno al pasado y al futuro. ¿Es posible sujetarlo y calmarlo un instante para que capte al menos un ápice del esplendor de la eternidad inmutable y lo compare con el tiempo que no se detiene nunca? Verá entonces que resulta incomparable y verá también que el tiempo consiste en la sucesión de muchos instantes que van pasando y que no pueden ocurrir al mismo tiempo. En la eternidad el tiempo no pasa, sino que todo es presente, mientras que el tiempo no puede ser siempre presente. Verá también que todo el pasado viene impulsado desde el futuro y que todo futuro es consecuencia de un pasado. Tanto el pasado como el futuro han sido creados y dependen de lo que es siempre presente. ¿Es posible sujetar el corazón de los seres humanos y lograr calmarlo? Debe ver cómo la eternidad constante dicta el tiempo futuro y el pasado, pero esa eternidad no es futuro ni pasado. ¿Será mi mano capaz de hacerlo? ¿Será mi boca la que lleve a cabo con su palabra una empresa tan importante?

XII, 14. Vamos con la pregunta: «¿Qué hacía Dios antes de crear el cielo y la tierra?». Efectivamente le voy a dar respuesta, pero no con esas palabras que, según dicen, respondió en broma uno para esquivar una pregunta tan comprometida: «Preparaba el infierno para los que indagan los misterios divinos». Una cosa es captar la idea, otra reírse de ella. No, no voy a contestar eso. Preferiría contestarles que no sé lo que no sé, antes que repetir esas palabras que ridiculizaron a quienes indagaban los misterios de Dios y elogiaron a quien respondía con mentiras. Lo que digo, Dios mío, es que tú eres el creador de toda la creación y, si por cielo y tierra entendemos toda la creación, me atrevo a decir que Dios no hacía nada antes de la creación del cielo y de la tierra. En el caso de que hubiera hecho algo, ¿qué sería sino una creación? Ojalá tuviera tan claro todo lo que deseo saber como sé que no existía creación alguna antes de la propia creación.

XIII,15. Pero si alguien con escaso sentido común hace un recorrido por el paso del tiempo y se sorprende de que tú, Dios todopoderoso, creador de todo cuanto existe, poseedor de todas las virtudes, artífice del cielo y de la tierra, hayas estado durante infinidad de siglos sin hacer nada antes de crear algo, debería ir espabilándose y prestar atención, porque su sorpresa es en vano. ¿Cómo iba a pasar esa infinidad de siglos que tú no habías creado si tú eres el autor y creador de todos los siglos? ¿O qué clase de tiempo iba a pasar si todavía no lo habías creado? ¿Cómo iba a pasar si no había existido nunca? Entonces, siendo tú el que ha conformado todos los tiempos, en el caso de que existiera un tiempo antes de que hicieras el cielo y la tierra, ¿cómo es que está escrito que pusiste fin a tu actividad creadora? Tú eres quien ha hecho el tiempo, luego tampoco podría pasar el

24

tiempo antes de que tú lo crearas. Si antes del cielo y de la tierra no existía tiempo alguno, ¿por qué se preguntan algunos qué hacías antes? Si no existía el tiempo, tampoco podía existir un «antes».

16. Tampoco precedes al tiempo en el tiempo, pues de lo contrario no serías anterior a todos los tiempos. Eres anterior a todo pasado por la inmensidad de tu eternidad, que siempre es presente, mientras que estás por encima de todo futuro, porque lo que es futuro será pasado en cuanto llegue. Tú, sin embargo, eres el mismo y tus años no desfallecerán. Tus años no vienen ni se van, mientras que los nuestros van y vienen hasta que vienen todos. Tus años están todos juntos, porque están ahí, y los que van no se restan de los que vienen, porque no pasan. Por el contrario, todos los nuestros llegarán a ser algún día, pero entonces ya no existirán. Los años son para ti un día y tu día no es cada día, sino hoy, porque tu día de hoy no cede el paso al de mañana, como tampoco sucede al de ayer. Tu día de hoy es la eternidad. Por ello engendraste

sempiterno a tu hijo, a quien dijiste: *Te he engendrado hoy* (Salmo 2,7). Tú has creado todos los tiempos; tú existes antes de todo tiempo, porque no existió el tiempo en el que no hubo tiempo.

XIV,17. No hubo entonces ningún tiempo en el que estuvieras sin hacer nada, porque fuiste tú quien creó el propio tiempo. Tampoco hay un tiempo que sea eterno como tú, porque tú permaneces por siempre. Porque, si el tiempo también permaneciera, no sería tiempo. ¿Qué es, pues, el tiempo? ¿Se puede explicar de forma breve y sencilla? ¿Quién podría comprenderlo y explicarlo luego con sus palabras? Y cuando hablamos, ¿mencionamos algo más familiar o conocido que el tiempo? Lo cierto es que sabemos qué es cuando hablamos de él, igual que lo entendemos cuando se lo oímos mencionar a alguien. ¿Qué es, pues, el tiempo? Si nadie me lo pregunta lo sé, pero si quisiera explicárselo a alguien, ya no. No obstante, puedo afirmar que lo sé, porque, si las cosas no fueran pasando, no habría tiempo pasado, y si las cosas no llegaran, no habría futuro y, si no existiera nada, no existiría siquiera el presente. En consecuencia, hay dos tiempos, el pasado y el futuro. Pero ¿cómo son? ¿Cuándo deja el pasado de ser pasado y el futuro sigue siendo futuro? De otra parte, si el presente fuera siempre presente y no llegara a ser nunca pasado, ya no lo llamaríamos tiempo, sino eternidad. Si para que el presente alcance la categoría de tiempo debe convertirse en pasado, ¿cómo es posible decir que existe algo cuya razón de ser es precisamente dejar de ser? Faltaríamos a la verdad si dijéramos que el tiempo no existe a menos que su fin sea no existir.

XV, 18. A pesar de todo, usamos las expresiones «mucho tiempo» y «poco tiempo» y no hablamos de él más que en términos de pasado o de futuro. Por ejemplo, decimos que cien años atrás es mucho tiempo en el pasado, del mismo modo que un siglo adelante es mucho tiempo en el futuro. Por el contrario, decimos que ha pasado poco tiempo, por ejemplo, si han transcurrido solo diez días y llamamos futuro próximo a lo que sucederá en diez días. Ahora bien, ¿puede ser mucho o poco si no existe? No hay duda de que el pasado ya no existe y el futuro todavía tampoco. Así pues, no deberíamos hablar del pasado en términos como «es mucho», sino que debemos decir «ha sido mucho» e, igualmente, del futuro «será mucho». Señor Dios mío, mi luz, ¿a que tu verdad se está riendo ahora del hombre? Porque en la expresión «ha pasado mucho tiempo», ¿pasó mucho tiempo cuando ya era pasado o pasó mucho tiempo cuando todavía era presente? Podía ser mucho tiempo cuando existía algo que pudiera ser mucho; pero como el pasado ya no existe, no podía ser mucho lo que no existía en absoluto. No debemos decir, por tanto, «ha pasado mucho tiempo», y es que no podremos encontrar qué fue eso tan largo teniendo en cuenta que, desde el momento en que es pasado, ya no existe; deberíamos decir mejor «ha sido mucho aquel tiempo presente», porque sí que era mucho mientras era presente. Todavía no había pasado como para no existir, por lo que existía y podía aún durar mucho. Por el contrario, en cuanto pasó, dejó inmediatamente de ser mucho, porque dejó de existir.

19. Veamos, por tanto, alma mía, si el tiempo presente puede ser mucho. Tienes la facultad de apreciar la duración del tiempo y por tanto medirlo. ¿Qué contestarías si te pregunto si cien años en el presente es mucho tiempo? Antes deberías comprobar si pueden existir cien años en el presente. Según está pasando el primer año es presente, pero los noventa y nueve restantes son futuros y, en consecuencia, no existen. Si luego pasa el segundo, ya hay uno pasado, otro presente y los demás futuros. Y así podríamos establecer como presente cualquiera de los que están en medio de los cien: los anteriores serán pasados y los posteriores futuros. Ahí tenemos la explicación de por qué los cien años no pueden ser presente. Fíjate, además, si puedes llamar presente a ese año que está en curso. Si ha comenzado su primer mes, los demás serán futuros, pero si se trata del segundo, ha pasado ya el primero, mientras que los demás no han llegado toda-

vía. En conclusión, ni siquiera es presente todo el año en curso. Y si todo el año no es presente, entonces el año no es presente. El año consta de doce meses. Mientras un mes cualquiera de ese año está en curso, justo ese es presente y los demás pasado o futuro. Aunque ni siquiera ese mes en curso es presente, sino solo un día. Si se trata del primero, los demás serán futuros; si es el último, los demás serán pasados; si es uno cualquiera del medio, estará entre días pasados y futuros.

20. Mira por dónde el tiempo presente, el único del que podíamos decir que era mucho, se nos ha quedado reducido apenas a la duración de un solo día. E incluso podríamos discutir también sobre él, porque ni siquiera un día es todo él presente. En efecto, un día dura veinticuatro horas, contando las de la noche y las del día. La primera convierte en futuras a todas las demás, igual que la última en pasadas a todas las anteriores. Por su parte, una cualquiera de las de en medio tiene detrás las pasadas y delante las futuras. Pero es que las propias horas se dividen a su vez en

diminutos instantes: en cuanto se volatiliza uno, ya es pasado y todos los que quedan futuros. Si queda alguna porción de tiempo que no pueda dividirse en partes, por muy diminutas que sean, solo a esa la podremos llamar presente. Con todo, esa diminuta porción pasa tan rápido desde el futuro al pasado que no dura ni un suspiro. Si durara algo más, se dividiría igualmente en pasado y futuro. No queda sitio para el presente. ¿Dónde está entonces ese tiempo del que podíamos decir que era mucho? ¿Es el futuro? Ni mucho menos. Si decimos «queda mucho tiempo» es porque todavía no existe lo que podría ser mucho tiempo; de ahí que digamos: «durará mucho tiempo». ¿Pero cuándo? Si hablamos del futuro, no será mucho tiempo porque ese mucho tiempo todavía no existe; si hablamos del presente, cuando empiece a existir desde el futuro lo que no existe todavía, terminará por volverse presente para poder ser mucho tiempo. Pero el tiempo presente nos recuerda, como acabamos de decir, que él no puede ser mucho tiempo.

XVI,21. Con todo, Señor, podemos percibir los intervalos de tiempo, compararlos entre sí y afirmar que unos son más largos que otros. Podemos medir incluso qué lapso de tiempo es más largo o más breve y asegurar que uno dura el doble o el triple que otro o que este dura tanto como aquel. Medimos el tiempo según va pasando y lo medimos porque lo podemos sentir. Pero ¿se puede medir el pasado que ya no existe o el futuro que todavía no? ¿Se atreverá alguien a decir que puede medir lo que no existe? Por tanto, podemos sentir y medir el tiempo mientras está pasando. Por el contrario, es imposible cuando ha pasado y ha dejado de existir.

XVII,22. Estoy en plena investigación, padre, todavía no afirmo nada. Protégeme, Dios mío, y guíame. ¿Será posible que alguien me diga que no hay tres tiempos, pasado, presente y futuro, como aprendimos de niños y se lo enseñamos a los niños, sino solo presente porque los otros dos no existen? ¿O es que existen también estos dos? ¿Existen cuando el futuro se convierte en presente, porque procede de un sitio oculto, y cuando el presente se vuelve pasado, porque regresa a ese sitio oculto? ¿Dónde han visto el futuro los adivinos si todavía no existe? No se puede ver lo que no existe. Y los que narran el pasado, no contarían la verdad si no la hubieran asimilado en su alma. Si el pasado no fuera nada, no lo podrían haber asimilado de ninguna manera. Existen, en consecuencia, tanto las acciones pasadas como las futuras.

XVIII,23. Permíteme, Señor, esperanza mía, investigar un poco más. No debería distraer mi atención. Si es verdad que existen las acciones pasadas y las futuras, quiero saber dónde están. Quizás no estoy preparado aún, pero lo que sí sé, al menos, es que, dondequiera que estén, no están en calidad de futuro o pasado, sino de presente. Cuando describimos hechos pasados verídicos, no son los propios hechos tal y como acontecieron los que tomamos de la memoria, sino unas palabras generadas a partir de unas imágenes que se han fijado en la mente dejando su rastro al pasar por nuestros sentidos. Por ejemplo, mi infancia, que ya no existe, se halla en un tiempo pasado, que tampoco existe. Aun así, cuando la recuerdo y la cuento, es como si la viera en un tiempo presente porque está aún en mi memoria. Lo que ignoro, te lo confieso, Dios mío, es si hay una explicación parecida para la previsión de los hechos futuros: presentir, como si ya existieran, las imágenes de hechos que todavía no han ocurrido. Tengo claro que muchas veces pienso por adelantado lo que voy a hacer en el futuro, y que esa premeditación es presente, pero las acciones que he pensado por adelantado todavía no existen, porque son futuras. Una vez que ponga en práctica lo que había pensado con antelación, existirán entonces esas acciones, porque ya no serán futuras, sino presentes.

24. Así pues, con independencia de cómo tenga lugar ese presentimiento de un futuro desconocido, no es posible ver más que lo que existe, y además lo que ya existe no es futuro, sino presente. Cuando se afirma la posibilidad de pre-

ver acciones futuras, lo que se ve no son las acciones en sí, que todavía no existen, porque son futuras, sino sus causas o tal vez algunos indicios. Pero estos indicios no son futuros para los adivinos, sino presentes, y basándose en ellos predicen las acciones futuras que han asimilado en su mente. Además, estas nociones ya existen, de modo que los adivinos las perciben como presentes. Tomemos un ejemplo entre mil. Si veo la aurora, puedo prever la salida del sol. Lo que estoy viendo es presente, pero lo que preveo es un hecho futuro. El futuro no es el sol, porque ya existe, sino su salida, que aún no se ha producido. Ahora bien, no podría predecir su salida si no tuviera su imagen en la cabeza, exactamente igual que ahora según voy hablando. Pero ni siquiera la propia aurora que veo en el cielo es la salida del sol, aunque la preceda, ni la imagen que tengo en mi mente. Consideramos presentes estos dos conceptos para poder predecir el futuro. En conclusión, el futuro aún no existe y, si todavía no existe, no hay más que hablar, no existe;

y si no existe, no es posible verlo de ninguna manera. Eso sí, se puede predecir partiendo de hechos presentes que sí existen y son visibles.

XIX,25. Así pues, Rey de toda la creación, ¿cómo le muestras al alma las acciones futuras? A tus profetas se lo enseñaste. Tú, para quien no existe el futuro, ¿cómo les muestras las acciones futuras? O, mejor dicho, ¿cómo les haces ver el presente desde el futuro, si lo que no existe no se puede enseñar de ninguna manera? Esta cuestión me supera; se ha hecho fuerte en mí y no voy a poder llegar hasta ella. Solo podré con tu ayuda, cuando tú me lo concedas, suave luz que iluminas mi alma.

XX,26. Lo que es de una evidencia absoluta por el momento es que no existen las acciones futuras ni las pasadas, ni es posible hablar con propiedad de tres tiempos sin más, pasado, presente y futuro. Quizás sería mejor decir que hay tres tiempos, un presente que procede de acciones pasadas, un presente de acciones presentes y un presente de acciones futuras. Son estos tres presentes los que llevamos en el alma y no los veo en ningún otro sitio: el presente que viene de acciones pasadas es la memoria, el presente de acciones presentes es la intuición, y el presente de acciones futuras es la expectativa. Si se me permite decirlo, estos son los tres tiempos que veo y reconozco que existen los tres. Se podría decir también que los tiempos son tres, pasado, presente y futuro, como es habitual, sí, por qué no. Ahora bien, no me preocupa: ni me opongo ni lo censuro mientras sepamos lo que estamos diciendo: que no existen ni el futuro ni el pasado. Son pocas cosas las que expresamos con propiedad y muchos nuestros errores; con todo, entendemos lo que queremos decir.

XXI,27. Acabo de decir que podemos medir el tiempo mientras está pasando. Eso nos permite afirmar que un tiempo dura el doble o lo mismo que otro. Del mismo modo, también podemos decir muchas otras características del tiempo a condición de que midamos cada una de sus partes. Por ello, como decía, podemos medir el tiempo mientras está pasando. Si se me pregunta por qué lo sé, respondo que lo sé porque lo puedo medir. No se puede medir lo que no existe y sabemos que no existen las acciones pasadas ni las futuras. De otro lado, ¿cómo podemos medir el tiempo presente si no tiene espacio? Se mide según va pasando, pero, una vez que ha pasado, ya no es posible medirlo; no existe, por tanto, el objeto de nuestra medición. Ahora bien, ¿de dónde viene? ¿Por dónde y a dónde va cuando lo medimos? ¿De dónde sino del futuro? ¿Por dónde sino por el presente? ¿A dónde sino al pasado? Para entendernos, viene de lo que todavía no existe, a través de algo que carece de espacio y hacia lo que ya no existe. ¿Qué es lo que medimos sino el tiempo dentro de un espacio? Cuando hablamos del tiempo, no decimos que sea simple, doble, triple, igual, etc. si no es con referencia a un espacio de tiempo. Entonces, ¿dentro de qué espacio medimos el tiempo que pasa? ¿En el futuro, que es de donde viene? No, porque no se puede medir lo que no existe todavía. ¿Quizás en el presente, que es por donde pasa? No, porque no podemos medir lo que carece de espacio. ¿En el pasado, que es a donde va? No, porque no se puede medir lo que ya no existe.

XXII,28. Me apasiona conocer este complejísimo rompecabezas. No me lo ocultes, Señor Dios mío, Padre bueno, te lo suplico por Jesucristo, no me dejes sin conocer este problema, manido sí, pero sin solución aún, para que me adentre en él y consiga clarificarlo, Señor, a la luz de tu misericordia. ¿A quién le voy a hablar de ello? ¿Y a quién podría confesar mi torpeza con mayor provecho que a ti, sin que creas, por ello, que soy un poco pesado por mi ferviente deseo de conocer tus Escrituras? Concédeme lo que amo; sí, lo amo porque me lo has concedido tú. Concédemelo, Padre, tú que sabes dar a tus hijos cosas buenas, concédemelo porque he asumido el empeño de conocer y tengo un buen trabajo ante mí hasta que me abras el camino. Te suplico por Jesucristo, en nombre del santo entre los santos, que nadie me lo impida. He confiado en ti y por eso hablo. Esta es mi esperanza. Para ella vivo, para contemplar la hermosura del Señor. Has hecho caducos mis días y no sé cómo, pero han pasado. No dejamos de hablar nunca de tiempo y de tiempos: «¿Hace cuánto que lo dijo?», «¿hace cuánto que lo hizo?». Y también: «¿cuánto tiempo que no lo veo?», y «esta sílaba larga dura el doble que la breve». Decimos siempre cosas por el estilo y no solo nos entienden, sino que también entendemos nosotros. Son expresiones muy habituales y muy obvias, pero al mismo tiempo nos resultan muy oscuras y tienen un sentido nuevo.

XXIII,29. Una vez le escuché decir a un sabio que el tiempo se identifica con el movimiento del sol, la luna y las estrellas, pero no me convenció. ¿No sería mejor que el tiempo fuera el movimiento de todos los cuerpos? ¿Es que no habría tiempo si dejaran de moverse los astros del cielo, pero siguiera dando vueltas el torno de un alfarero? ¿Cómo contaríamos sus vueltas? ¿Podríamos decir que duran lo mismo? ¿Que unas veces va más lento y que otras más rápido? ¿Que unas vueltas duran más que otras? Y, según hacemos estas preguntas, ¿no estamos también nosotros hablando en un espacio de tiempo? ¿Es que no distinguimos en nuestras palabras sílabas largas y breves? ¿Es que las largas no duran el doble que las breves? Dios mío, concede a los hombres ver en lo pequeño qué tienen en común las cuestiones pequeñas con las grandes. Existen los astros y las estrellas del cielo que marcan las estaciones, los días y los años. Sí, existen. Ahora bien, no me atrevería a decir que una vuelta de aquel torno de madera se correspondiera con un día, como tampoco podría decir ese sabio que esa vuelta no fuera tiempo.

30. Deseo conocer el sentido y la naturaleza del tiempo con el que medimos los movimientos de los cuerpos y que nos permite decir, por ejemplo, que la duración de un movimiento es el doble que la de otro. Llamamos día no solo al paso del sol sobre la tierra, cosa que nos hace distinguir el día de la noche, sino también a su recorrido completo desde Oriente

hasta Occidente. Este hecho nos lleva a decir «han pasado tantos días», y también «tantos días con sus noches», sin considerar aparte el espacio de la noche. Vemos asimismo que el día dura tanto como el movimiento del sol y su recorrido desde Oriente hasta Occidente. Entonces, yo pregunto si el día es el movimiento en sí del sol o lo que dura su rotación, o ambos. Si el día fuera el movimiento, entonces existiría el día, incluso aunque el sol recorriera su curso en una sola hora. Si el día fuera la rotación, entonces no existiría el día, si desde que sale el sol hasta que se pone pasara tan solo una hora, sino que el sol tendría que dar veinticuatro vueltas para completar un día. Si fuera ambas cosas, no podríamos identificar el movimiento con el día si el sol tuviera que dar toda su vuelta en el espacio de una hora, pero tampoco podríamos decir lo mismo con la rotación porque, aunque el sol se detuviese, pasaría exactamente el mismo tiempo que lo que tarda normalmente el sol en hacer todo su recorrido de una mañana a otra. Pero no pretendo preguntar qué es lo que llamamos día, sino qué es el tiempo. Si medimos el recorrido del sol, podríamos decir que, si lo ha hecho en doce horas, lo ha hecho en la mitad de tiempo de lo habitual. Comparando ambos tiempos, diríamos que uno dura el doble del otro, aunque el sol hiciera su recorrido desde Oriente hasta Occidente unas veces en doce horas y otras en veinticuatro. Nadie, por tanto, me podrá decir que los movimientos de los cuerpos celestes son el tiempo. Una vez Josué pidió que se detuviera el sol para poder salir airoso de su combate. El sol se detuvo, pero el tiempo pasaba. La lucha continuó adelante y alcanzó su fin en el espacio de tiempo que le fue suficiente. Veo entonces que el tiempo es una especie de extensión. ¿Lo veo de verdad o me lo estoy imaginando? Tú, Luz y Verdad, me lo demostrarás.

XXIII,31. ¿Me ordenas estar de acuerdo con quien me dice que el tiempo es el movimiento de un cuerpo? No, no me lo ordenas. Eres tú quien me dice que los cuerpos no se mueven si no es en un lapso de tiempo. Lo que no me dices es que el tiempo sea el movimiento mismo del cuerpo. Se puede medir el tiempo cuando un cuerpo está en movimiento, todo el tiempo que está en movimiento, desde que comienza a moverse hasta que se detiene. Y si no lo hemos visto desde el principio, pero sigue moviéndose hasta que no es posible ver cuándo se detiene, no podemos medirlo, excepto durante el lapso de tiempo que lo hemos visto moverse de un sitio a otro. Porque si lo hemos visto solo durante ese lapso de tiempo, lo único que se puede decir es que ha pasado «mucho tiempo», pero sin especificar cuánto, porque, cuando hacemos explícita la duración, lo hacemos por comparación diciendo: «este dura tanto como aquel» o «dura el doble que el otro», etc. Pero si pudiéramos anotar el lugar de salida y llegada de un cuerpo que está en movimiento, o de sus constituyentes en el caso de que se moviera sobre sí mismo, conseguiríamos decir durante cuánto tiempo se ha movido ese cuerpo, o sus constituyentes, desde un punto hasta otro. Así pues, como una cosa es el movimiento de un cuerpo y otra lo que medimos mientras se mueve, ¿quién no ha captado a cuál de estos dos conceptos deberíamos llamar tiempo? Y es que, si un cuerpo se mueve unas veces de manera más o menos uniforme y otras veces permanece estático, no solo medimos su movimiento en el tiempo, sino también su reposo, lo que nos lleva a decir expresiones del tipo: «ha estado tanto tiempo quieto como en movimiento» o «ha estado quieto el doble o el triple de tiempo que en movimiento», y otras parecidas que podemos llegar a comprender y valorar solo «a ojo», como se suele decir. En conclusión, el movimiento de un cuerpo no es el tiempo.

XXV, 32. Te confieso, Señor, que sigo ignorando qué es el tiempo y te confieso, también, Señor, que tengo claro que mientras hacía estos razonamientos estaba pasando el tiempo; además, ya he hablado un buen rato del tiempo y que ese mismo rato no sería un rato si no hubiera pasado el tiempo. ¿Cómo es posible, entonces, que sepa todo esto cuando ignoro qué es el tiempo? ¿O la cosa está en que no sé cómo explicar lo que sé? ¡Ay de mí! ¡No sé siquiera qué es lo que no sé! Dios mío, delante de ti no puedo mentir: mi corazón es ahora fiel reflejo de lo que estoy diciendo. Tú iluminarás mi lámpara, Señor, Dios mío, iluminarás mi oscuridad.

XXVI,33. ¿No te ha confiado mi alma en una confesión auténtica que puedo medir el tiempo? Sí, Dios mío, lo puedo medir, pero no sé qué estoy midiendo. Si mido el movimiento de un cuerpo en el tiempo, ¿no estoy midiendo igualmente el propio tiempo? ¿Podría medir el movimiento de un cuerpo –cuánto dura y cuánto tiempo tarda en ir de un sitio a otro– si no estuviera midiendo el tiempo en el que se mueve? ¿Cómo hago para medir el propio tiempo? ¿Podemos usar como referencia para medir un tiempo prolongado una unidad más breve? ¿Es que no usamos la longitud de un codo para medir una viga? Así es como medimos la duración de una sílaba larga: la comparamos con una breve y decimos que dura el doble. De esta manera medimos también un poema en comparación con un verso, y un verso con un pie, y un pie con una sílaba, y una larga con una breve. Pero nunca por el número de páginas, porque en ese caso estaríamos midiendo espacio y no duración, sino según van avanzando las palabras cuando las recitamos. Decimos entonces: «Es un poema largo porque está formado por muchos versos; son versos largos porque constan de muchos pies; los pies son largos porque tienen muchas sílabas; es una sílaba larga porque dura el doble que una breve». Pero es que ni siquiera así podremos medir cabalmente el tiempo, si es que esto es posible, porque un verso breve dura más tiempo si lo pronunciamos lento que uno largo pronunciado más rápido. Lo mismo con un poema, un pie, una sílaba. Esto me induce a pensar que el tiempo no es más que una extensión, pero no sé muy bien de qué, y me sorprendería que no fuera de la propia alma. ¿Qué estoy midiendo, te lo ruego, Dios mío, cuando digo en

47

términos generales que «este momento dura más que aquel» o, afinando más, que «este dura el doble que aquel»? Estoy midiendo el tiempo, lo sé, pero no es el futuro lo que mido, porque no existe todavía, ni el presente, porque no tiene espacio, ni tampoco el pasado, porque ya no existe. ¿Qué estoy midiendo entonces? ¿El tiempo que está pasando sin llegar a ser pasado? Es lo que había dicho.

XXVII,34. Detente, alma mía, y presta toda tu atención: Dios es nuestro defensor; él nos ha hecho, y no nosotros. Presta atención, la verdad empieza a despuntar. Pongamos un ejemplo: comienza a oírse una voz humana, se oye y se sigue oyendo hasta que al final se detiene. Se produce el silencio. Esa voz ya es pasado y no existe. Era futuro antes de comenzar a oírse y no se podía medir porque todavía no existía, pero ahora tampoco se puede porque ya no existe. Cuando se oía, entonces sí que se podía medir porque sí había algo que medir. Sin embargo, en aquel momento no permanecía en reposo, sino que iba avanzando y pasando. ¿Eso hace que se pueda medir mejor? Según pasaba se iba extendiendo a otro espacio de tiempo donde la podíamos medir, porque el presente no tiene espacio. Entonces, si podía medirse, pongamos otro ejemplo: comienza a oírse otra voz y sigue sonando con un tono sostenido sin variación alguna. Deberíamos medirla mientras la oímos, porque, cuando dejemos de oírla, ya será pasado y no habrá nada que medir. Deberíamos medirla con exactitud especificando su duración. Pero todavía se oye, de modo que no la podemos medir si no es desde que empieza hasta que acaba. En realidad, lo que medimos es el intervalo desde que empieza hasta que acaba, razón por la cual no podemos medir una palabra que todavía no ha terminado. No se puede decir si es larga o breve, ni tampoco si es igual a otra, o si es simple o doble con respecto a otra, etc. Pero, cuando termine, ya no existirá. Luego, ¿cómo la podremos medir? Con todo, medimos el tiempo, pero no el que no existe todavía, ni el que ya no existe, ni el que no tiene duración, ni el que no tiene principio ni fin. No medimos entonces ni el futuro, ni el pasado, ni el presente, ni siquiera el tiempo que está pasando y, a pesar de todo, medimos el tiempo.

35. El verso *Deus creator omnium* («Dios creador de todo») tiene ocho sílabas entre largas y breves. Cuatro breves, primera, tercera, quinta y séptima, que duran una unidad en comparación con las cuatro largas, segunda, cuarta, sexta y octava. Cada una de las largas dura el doble que las otras breves. Las repito una y otra vez y efectivamente mis sentidos me dicen que es así. Como me fío de mis sentidos, comparo una sílaba larga con otra breve y percibo que la larga dura el doble. Pero, al pronunciarlas todas seguidas, si la primera es breve y la siguiente larga, ¿cómo podré captar la breve y cómo la usaré para medir la larga y poder descubrir que dura el doble si la larga no empieza a sonar hasta que termina la breve? ¿Mido la larga como si fuera presente, cuando la realidad me dice que no la puedo medir hasta que no se haya terminado? Su final es convertirse en pasado. ¿Qué es enton-

ces lo que estoy midiendo? ¿Dónde está la breve que me sirve de medida? ¿Dónde la larga para medirla? Ambas sonaron, volaron, pasaron, ya no existen. Pero las mido y contesto con precisión, porque me fío de mi oído entrenado, que una es breve y la otra larga en el espacio del tiempo. Y no puedo hacerlo hasta que no han pasado y terminado. No estoy midiendo entonces las sílabas en sí mismas, que ya no existen, sino algo que permanece fijo en mi memoria.

36. Es en ti, alma mía, donde mido el tiempo. No me distraigas de la realidad. Que no te distraiga tampoco tu infinidad de sensaciones. En ti, decía, mido el tiempo. Lo que mido como presente es la sensación que las cosas dejan en ti según van pasando, y que luego permanece cuando ya han pasado, no las cosas que han pasado para producir esa sensación. Sí, eso es lo que mido cuando mido el tiempo. Entonces, o el tiempo es esa sensación, o no puedo medir el tiempo. Cuando medimos los silencios y decimos que un silencio ha durado tanto como un

sonido, ¿es que no estamos extendiendo
el razonamiento a la duración del sonido,
como si este siguiera sonando, para poder
decir algo de los intervalos de los silencios en ese espacio de tiempo? Aunque
mantengamos la boca cerrada, seguimos
pensando en poemas, en versos, en cualquier conversación y en las dimensiones
de los cuerpos y del espacio del tiempo.
Por ejemplo, seríamos capaces de expre-
sar lo que dura un momento en comparación con otro, igual que si lo dijéramos en
voz alta. Si una persona quiere pronunciar un sonido un poco más prolongado,
tiene que decidir primero en su cabeza
cuánto va a durar. No hay duda de que
lo hace permaneciendo un momento en
silencio y que, tras encomendarse a su
memoria, comienza a emitir ese sonido
que sigue oyéndose hasta que llega a su
fin establecido. En efecto, se oye y se oirá.
Se ha podido escuchar la parte que ha ido
pasando mientras que la parte restante se
oirá y se seguirá oyendo según la voluntad presente vaya arrastrando el futuro
al pasado: el futuro se acorta y el pasado

se amplía hasta que llega a consumirse el futuro y todo es pasado.

XXVIII, 37. Pero ¿cómo se va a acortar o consumir el futuro si todavía no existe? ¿Cómo se va a ampliar el pasado si ya no existe? ¿No será porque los tres se hallan en el alma, que es la que los gestiona? El alma espera, siente y recuerda. Lo que espera pasa a través de lo que siente y llega hasta lo que recuerda. ¿Se puede negar que las acciones futuras no existen todavía? Ahora bien, en nuestra alma ya existe la expectativa de ese futuro. Por el contrario, también guardamos en el alma el recuerdo de los hechos pasados. ¿Se puede negar que el presente carece de espacio solo porque se convierte en pasado al instante? Sin embargo, se mantiene la atención, responsable de que siga alejándose lo que existió una vez. No podemos decir entonces «mucho tiempo» aplicándolo al futuro, porque no existe, sino que un futuro prolongado es una amplia expectativa de futuro; tampoco puede ser mucho el pasado, porque ya no existe, sino que un pasado abundante es un recuerdo prolongado de lo que fue pasado.

38. Pongamos que voy a recitar un salmo que conozco. Antes de comenzar, mi expectativa está pendiente de todo; cuando empiezo y hago volver del pasado un fragmento, mi memoria entra en tensión, pero el desarrollo de esta acción mía se destensa, sea hacia la memoria, si me refiero a lo ya dicho, sea hacia la expectativa, si me refiero a lo que queda por decir. Ahora bien, la atención que arrastra lo que era futuro para convertirlo en pasado, esa sí es presente. Y mientras más se repite este proceso, la prolongación de la memoria es inversamente proporcional a la reducción de la expectativa, hasta que toda ella queda consumida cuando la acción ha terminado por completo y ha pasado a la memoria. Y lo que era un salmo entero se fragmenta en diferentes versículos y sílabas. Es lo mismo que pasa con una acción más extensa, de la que, quizás, este salmo no es más que una pequeña parte; pasa lo mismo con toda la vida del hombre, que está dividida en par-

tes que son las acciones del hombre; y lo mismo con las generaciones, que se dividen en partes que son las propias vidas de las personas.

XXIX, 39. Pero como es mejor tu compasión que la vida, mi vida no ha sido más que una simple sucesión. Tu diestra me ha sostenido en mi Señor, tu Hijo, mediador entre tú, que eres el único, y nosotros, en muchos aspectos y de muchas maneras, para alcanzar con él a quien me alcanzó a mí. Los días antiguos se sorprenderían viéndome seguir al único dios, olvidándome del pasado, sin distraerme por un futuro que acabará pasando, sino centrado en lo que se extiende ante mí, no, no me distraigo, sino que me empeño en seguir hasta la meta, hasta el premio, donde escucharé la voz de la alabanza y contemplaré tus maravillas que no tienen comienzo ni fin. Ahora mis años pasan entre gemidos, pero tú, mi consuelo, Señor, padre mío, eres eterno. Me he quebrado en el tiempo, cuyo orden desconozco, y un caos total hace trizas mis pensamientos en lo más profundo de mi ser, hasta que me funda contigo, purgado y purificado por el fuego de tu amor.

XXX,40. Permaneceré firme en ti y me solidificaré en ti, en mi esencia, que es tu Verdad, y no me afectarán las preguntas que se hace la gente. Los hombres buscan más de lo que pueden alcanzar porque están mortalmente enfermos; sirvan de ejemplo estas preguntas: «¿Qué hacía Dios antes de crear el cielo y la tierra?», o «¿qué se le pasó por la cabeza para crear algo cuando nunca antes había hecho nada?». Concédeles, Señor, reflexionar antes de hablar y descubrir que no se puede decir «nunca» si no existe el tiempo. Decir que nunca hizo nada, ¿qué otra cosa puede significar sino que «no hizo nada en ningún momento»? A ver si se dan cuenta de que no pudo existir ningún tiempo que no fuera creado y dejan de decir estas tonterías. Se deberían fijar en lo que se extiende ante ellos; entender que tú eres el creador eterno de todos los tiempos antes de todo tiempo y que no hay tiempo ni creación alguna que sean eternos como tú, aunque alguna está por encima del tiempo.

XXXI,41. Señor, Dios mío, ¿cuál es el regazo de tu inmenso secreto? ¡Qué lejos de él me lanzaron las consecuencias de mis pecados! Cura mis ojos y gozaré con tu luz. Si existe de verdad un alma tan poderosa por su conocimiento y previsión que conoce tan perfectamente todo el pasado y el futuro como yo los salmos, me parece que es tan sorprendente y tan asombroso que hasta me da miedo. No se le escapa ni lo que ha pasado, ni lo que debe pasar en el mundo, igual que a mí tampoco se me escapa el salmo que canto, ni lo que llevo desde el principio, ni lo que me queda hasta el final. Pero no es así, Creador del universo, Creador de las almas y de los cuerpos, no es así, digo, como tú conoces todos los hechos futuros y los pasados. Tú lo haces, con diferencia, de forma mucho más impresionante y mucho más secreta. Tampoco te pasa a ti, que eres permanentemente eterno, verdadero creador eterno de las almas, como al que canta o escucha un salmo muy conocido. Cambian sus sensaciones y se relajan sus sentidos esperando los sonidos que están por llegar o recordando los ya pasados. Entonces, tal como conociste en el comienzo el cielo y la tierra, sin que por ello variara tu conocimiento, así hiciste el cielo y la tierra sin que eso implicara algún cambio en tu actividad. Quien lo entienda, te alabe, y el que no lo entienda, te alabe también. ¡Qué excelso eres, pero tu casa la forman los sencillos de corazón! Tú pones en pie a los abatidos y no caen los que encuentran en ti su grandeza.

EL MUNDO HA SIDO CREADO
EN EL TIEMPO
[*La Ciudad de Dios*, libro XI, 4, 1-6]

4, 1. De todo lo visible, la creación
mayor es el mundo, de todo lo invisible,
lo más grande es Dios. Ahora bien, al
mundo lo vemos, pero en Dios creemos.
Pero que Dios creó el mundo, ¿a quién
podemos creer mejor que al propio Dios?
¿Dónde lo hemos oído? En ningún otro
sitio mejor que en la Sagrada Escritura,
donde el profeta dijo: *En principio hizo Dios el*
cielo y la tierra (Génesis 1, 1). Pero ¿en realidad estaba allí este profeta cuando Dios
hizo el cielo y la tierra? No, la que estaba
era la sabiduría de Dios, por medio de
la que se ha hecho todo, que también se
transfiere a las santas almas, las hace ami-
gas y profetas de Dios y les cuenta en su
interior sin pompa alguna de sus obras.
También les hablan a los profetas los
ángeles de Dios, que están en perpetua
contemplación de su rostro y anuncian

su voluntad a cuantos corresponde. Entre ellos se encontraba este único profeta que dijo y escribió: *En principio hizo Dios el cielo y la tierra*. Es un testigo tan adecuado para inducirnos a creer en Dios que por el mismo espíritu de Dios que le hizo conocer la revelación predijo también nuestra propia fe futura mucho tiempo antes.

4,2. Pero ¿por qué decidió nuestro Dios eterno hacer entonces el cielo y la tierra si no los había hecho antes? Los que afirman que el mundo es eterno y no posee inicio alguno y, por tanto, se niegan a aceptar que lo haya creado Dios, se hallan muy lejos de la verdad y están mortalmente enfermos de impiedad. Aunque nos olvidáramos de las palabras del profeta, el propio mundo proclama, de cierta manera en silencio con su cambio y su movimiento metódico y bajo la espléndida belleza de todo cuanto es visible, que no solo ha sido creado, sino que solo lo ha podido hacer Dios, tan grande y tan maravilloso que no hay manera de describirlo, no hay manera de contemplarlo. Algunos reconocen que Dios ha sido su creador, pero no interpretan, sin embargo, que sea el inicio del tiempo, sino solo el de su creación, como si, de un modo difícilmente comprensible, hubiera estado hecho siempre. Es la explicación que dan para defender a Dios de una terrible osadía, no vayamos a creer que se le vino de pronto a la mente lo que no se le había ocurrido nunca antes –hacer el mundo– con esta iniciativa nueva siendo él absolutamente inmutable. Pero no veo cómo es posible aplicar este razonamiento a otras cuestiones, muy especialmente al alma. Si sostienen que es tan eterna como Dios, no puede explicar de ninguna manera por qué le ocurren nuevas desdichas que nunca le habían pasado en toda la eternidad anterior. Pero si afirman que la desdicha se alterna con la felicidad, se hace necesario decir que existe siempre la alternancia, lo que tendrá como consecuencia la absurdidad de decir que es dichosa cuando no lo será si puede prever la desdicha futura y la infamia; pero si no es capaz de preverlas y piensa no solo que no será desdichada e infame, sino que será siempre dichosa, creerá en falso que es dichosa: no se puede decir mayor tontería. Por otra parte, si piensan que el alma ha alternado su desdicha con la felicidad durante todos los siglos de la eternidad pasada, pero que ahora ya no porque ha sido liberada y no va a regresar a la desdicha, lo que están diciendo es que en realidad nunca fue feliz, sino que de ahora en adelante comienza una nueva dicha que ya no es falsa. Acabarán reconociendo entonces la posibilidad de que le suceda algo nuevo, algo grande y relevante que nunca le había ocurrido en la eternidad pasada. Si niegan que Dios ya había pensado el motivo de esta novedad en sus designios eternos, acabarán negando también que Él es el creador de la felicidad, cosa que es de una impiedad indigna. Pero si afirman que ha tomado una decisión nueva, que el alma sea de aquí en adelante eternamente feliz, ¿cómo podrán demostrar que no se debe a esa mutabilidad que tanto les incomoda? Además, si reconocen que ha sido creada en el tiempo, pero que no va a morir en ningún momento futuro, sino que es como los números, que tienen principio, pero no fin, y por ello, si se libera de la desdicha tras haberla sufrido, no será desdichada nunca más en adelante, no albergarán la menor duda de que se debe a la constante inmutabilidad de los designios de Dios. Por tanto, esto es lo que han de creer: es posible que el mundo haya sido hecho en el tiempo, pero, haciéndolo, Dios no ha cambiado sus designios ni su voluntad.

5. Luego hay ver qué puedo responder a esos que, aun estando de acuerdo en que Dios es el creador del mundo, sin embargo, me preguntan sobre el tiempo del mundo, y qué responden ellos a su vez sobre el lugar del mundo. Igual que preguntan por qué hizo el mundo justo en ese momento y no antes, también se pueden preguntar por qué aquí donde está y no en otra parte. El caso es que, si piensan que hay infinitos espacios de tiempo antes del mundo en los que creen que Dios no estuvo sin hacer nada, es posible que piensen también que fuera del mundo existen infinitos espacios. Y si alguien dijera que

Dios omnipotente no pudo estar sin hacer nada, ¿no sería consecuencia lógica verse obligado a soñar, como hacía Epicuro, la existencia de innumerables mundos? Solo habría una diferencia, que el filósofo asegura que se generan y se destruyen por los movimientos casuales de los átomos, pero estos, por el contrario, dirán que Dios ha sido su creador, siempre y cuando no pretendan afirmar que quiso descansar a lo largo de la infinita inmensidad de lugares que existen fuera del mundo y que esos mismos mundos pueden desaparecer por alguna causa, como opinan de este. Trato con estos que están de acuerdo conmigo no solo en la existencia de un Dios incorpóreo, sino también en que es el creador de todo lo que no es él mismo. Por otra parte, resulta demasiado indigno admitir en esta discusión teológica a los demás, muy especialmente porque estos vencieron con su nobleza y autoridad a los demás filósofos, que creen que hay que venerar a muchos dioses, más que nada porque, aunque están lejos de la verdad, no lo están tanto como los otros. Consideran que la sustancia de Dios no se circunscribe, limita o extiende en un único lugar, sino que, como corresponde pensar de Dios, reconocen que se extiende por todas partes gracias a su ser incorpóreo. Ahora bien, ¿podrán afirmar que no se encuentra en esos espacios tan grandes de los lugares fuera del mundo y que ocupa un único y pequeño lugar, en comparación con su infinidad, en el que se encuentra el mundo? No creo que vayan bien por ese camino. Afirman, pues, que existe un único mundo de una enorme masa corpórea y, sin embargo, limitado y determinado a su propio lugar, creado por la obra de Dios. Ahora bien, la respuesta a la pregunta de por qué Dios dejó de actuar en los infinitos lugares fuera del mundo será la misma que deban dar a por qué Dios cesó su trabajo en la infinidad de tiempo que existió antes del mundo. Del mismo modo no es coherente pensar que Dios estableciera el mundo precisamente en el sitio que está y no en otro por azar más que por un razonamiento divino, cuando no había ninguna otra

razón mejor para elegir este entre la infinidad de espacios que hay por todas partes. No obstante, la razón humana no está
capacitada para entender la razón divina
que le llevó a hacerlo; tampoco, por
tanto, es coherente pensar que el azar le
diera la ocasión a Dios de haber fundado
el mundo en aquel tiempo mejor que en
uno anterior, cuando el tiempo había
pasado igualmente antes durante una
eternidad y tampoco había ninguna diferencia que le llevara a preferir un tiempo
a otro. El caso es que, si consideran una
trivialidad imaginar que existen infinitos lugares, puesto que no existe más que
este mundo, podemos contestarles que es
igual de trivial pensar en que en el tiempo
pasado Dios no hizo nada, puesto que el
tiempo no existe antes de la creación del
mundo.

El tiempo empieza con el mundo
6. Si diferenciamos correctamente entre
la eternidad y el tiempo, porque el tiempo
solo existe gracias al cambio, pero en la
eternidad, por el contrario, no se regis-

tra variación alguna, ¿sería posible ver que no existiría el tiempo si no existiera una creación que experimentara algún cambio? El tiempo pasa porque su movimiento y variación da lugar a procesos que se suceden a intervalos más o menos largos porque no pueden ocurrir al mismo tiempo. Por tanto, como Dios, en cuya eternidad no hay absolutamente ningún cambio, ha creado y regulado el tiempo, no entiendo cómo es posible decir que creó el mundo después de que pasara el tiempo, salvo que afirmemos la existencia de alguna creación anterior al mundo cuyos movimientos ocasionaran el paso del tiempo. Además, si la Escritura, que es sagrada y absolutamente veraz, dice que *en principio hizo Dios el cielo y la tierra*, como dando a entender que antes no había hecho nada, porque habría sido mejor decir que lo había hecho en el principio si hubiese hecho algo antes de las otras cosas que hizo, no cabe duda de que el mundo no se hizo en el tiempo, sino con el tiempo. Y es que lo que se hace en el tiempo se hace también después de algún tiempo y antes de otro tiempo: después de lo que ya ha pasado y antes de lo que pasará. Ahora bien, no habría podido existir ningún tiempo pasado porque todavía no había nada creado cuyos movimientos cambiantes lo hicieran pasar. El mundo se hizo con el tiempo si bajo sus condiciones se hizo el movimiento cambiante, como parece por el orden de los primeros seis o siete días, en los que se menciona tanto la mañana como la tarde, hasta que todo lo que Dios hizo en esos días quedó acabado al sexto, mientras que en el séptimo se menciona el descanso de Dios, cuestión no exenta de gran misterio. Si nos resulta harto complicado, o incluso imposible, pensar qué tipo de días fueron aquellos, cuanto más será explicarlo.

CONTRA LA CONCEPCIÓN CÍCLICA DEL TIEMPO
[*La Ciudad de Dios*, libro XII, 13-14]

Algunos creen que el tiempo es cíclico

13,1. Los filósofos paganos pensaron que no se podría resolver esta cuestión de otra manera si no era introduciendo el concepto de tiempo cíclico según el cual la naturaleza se estaría renovando y repitiendo siempre. Por eso afirmaban que los siglos venideros y los pasados se sucederían continuamente sin cesar; según una opción, estos ciclos pasarían mientras el mundo permanece inmóvil; según otra, el mundo, que estaría surgiendo y desapareciendo a intervalos fijos, nos haría ver constantemente casi como si fuera algo nuevo lo que ya ha pasado y lo que está por venir. Y no pueden liberar al alma inmortal de esta engañifa, incluso cuando esta ha alcanzado la sabiduría, porque alcanzaría una y otra vez una falsa felicidad y volvería igualmente una y otra vez a una auténtica desdicha. ¿Cómo puede ser auténtica la felicidad si no es segura su eternidad y, además, el alma o ignora, viviendo en una verdad imperfecta, la desdicha que le espera, o la teme en una desventurada felicidad? Pero si no regresara nunca más a la desdicha, se encaminaría entonces a la felicidad: se produce, por tanto, algo nuevo en el tiempo que no tiene final en el tiempo. ¿Por qué no pasa lo mismo con el mundo? ¿Por qué no con el ser humano en el mundo? Sería la forma de evitar por el recto camino de la auténtica doctrina esos ciclos falsos inventados por sabios falsos e impostores.

El Eclesiastés no hace referencia al tiempo cíclico
13,2. Resulta que unos versículos que se leen en el libro de Salomón titulado Eclesiastés, esos que dicen: *Lo que ha sido será y lo que se ha hecho será hecho, pues no hay nada nuevo bajo el sol. Quien hable y diga: ¡Mira, qué novedad!, eso ya ha pasado en los siglos que han pasado antes que nosotros* (1,9-10), hay quien los interpreta como un tiempo cíclico que da vueltas en

sí mismo y hace volver todo a lo mismo. Pero el autor se refería bien a los argumentos de los que hemos hablado antes, es decir, a que unas generaciones van y otras vienen, a las rotaciones del sol o al curso de los ríos, bien a cualquier tipo de cosas que nace y que muere. Hubo otras personas antes que nosotros, las hay ahora con nosotros y las habrá después de nosotros; pasa lo mismo con los animales y las plantas. Los fenómenos extraños, que se originan de forma inesperada, aunque puedan ser diferentes entre sí y de algunos solo haya una única mención, sin embargo, no cabe la menor duda de que han existido y de que existirán según el patrón por el que generalmente tienen lugar los prodigios y los fenómenos extraños, y no hay nada nuevo ni insólito en la aparición de un fenómeno extraño bajo el sol. Aunque hay algunos que han interpretado estos versículos de otra manera: la pretensión de su sabio autor era que Dios ya había hecho todo previamente en su mente, por lo que no habría nunca nada nuevo bajo el sol. Nada tiene que ver con la auténtica fe creer que tras las palabras de Salomón subyace el tiempo cíclico según el cual, como creen algunos, se repite el propio tiempo y las cosas temporales. Así, por ejemplo, se lo enseñaba a sus alumnos en su época el filósofo Platón en la escuela de la ciudad de Atenas que se llamaba Academia: ya en el pasado, durante infinitos siglos y en intervalos muy prolongados, pero aun así siempre constantes, se habrían repetido el mismo Platón y la misma ciudad y la misma escuela y los mismos alumnos y en el futuro también habrían de repetirse por siglos sin fin. Nada tiene que ver, digo, con nuestras creencias. Cristo murió una sola vez por nuestros pecados y, una vez resucitado de entre los muertos, ya no morirá más y la muerte no tendrá poder sobre él. Nosotros, después de su resurrección, estaremos siempre con el Señor, a quien ahora recitamos las palabras que dicta el salmo sagrado: *Tú, Señor, nos guardarás y nos protegerás desde esta generación por siempre* (Salmo 11,8). Creo que el versículo siguiente encaja muy bien con el anterior: *Los impíos cami-*

narán en círculos (Salmo 11,9), no porque su vida gire de forma cíclica, como suponen, sino porque la doctrina falsa en la que se haya su vida es una especie de círculo vicioso.

No podemos indagar en las profundidades de Dios
14. ¿Puede haber algo más extraño que vagar por esos ciclos sin encontrar entrada ni salida? El género humano y esta raza mortal nuestra ignora cuándo ha empezado y cuándo le llegará su final. Es imposible penetrar en el razonamiento profundo de Dios, por ser él eterno y sin comienzo, porque hizo surgir de algún inicio el paso del tiempo y el hombre, al que nunca antes había hecho; sí, los hizo en el tiempo, pero no con un plan nuevo e inusitado, sino con uno inmutable y eterno. ¿Quién sería capaz de investigar lo investigable y de escrutar lo inescrutable si según ese razonamiento profundo Dios creó con su voluntad inmutable en el tiempo a un hombre sometido al tiempo, antes del que no había existido ningún otro

hombre, y multiplicó al género humano a partir de ese primer hombre? Sin duda el propio salmo les advierte con estas palabras: *Tú, Señor, nos guardarás y nos protegerás desde esta generación por siempre*; y luego los rebate de nuevo porque en su necia e impía doctrina no se haya el menor rastro de la eterna liberación y felicidad del alma; y añade *Los impíos caminarán en círculos* como diciéndoles: ¿qué es lo que crees, sientes y entiendes? ¿Es posible pensar que Dios decidió de pronto hacer al hombre, al que nunca antes había hecho en toda la eternidad anterior, cuando resulta imposible el menor cambio porque su esencia es inmutable? Inmediatamente después el salmista respondió al propio Dios: *Conforme a tu dignidad has multiplicado a los hijos de los hombres* (Salmo 11,9). Dice que los hombres deben estar convencidos de lo que piensan y opinar y discutir lo que quieran: *Conforme a tu dignidad*, que ninguno de los hombres puede conocer, *has multiplicado a los hijos de los hombres*. Es un misterio insondable no solo que Dios haya existido siempre, sino que haya querido hacer por primera vez al hombre, al que nunca había hecho, en algún momento, y todo ello sin cambiar sus designios ni su voluntad.

ÍNDICE

Sobre el tiempo
[*Confesiones*, libro XI].......................... 7

El mundo ha sido creado en el tiempo
[*La Ciudad de Dios*, libro XI, 4,1-6] 59

Contra la concepción cíclica del tiempo
[*La Ciudad de Dios*, libro XII, 13-14]......... 69